BABY

DAILY LOG BOOK

Name: _____

Address: _____

Phone: _____

Baby Daily Log Book

MON TUE WED THU FRI SAT SUN Date: __ / __ / __

Meals/Feeds

TIME	WHAT I ATE/DRANK	AMOUNT

Sleep/Naps

FROM	TO	TOTAL TIME

BABY MOOD

Activities/Notes

Supplies Needed

Diapers

TIME	PEE	POOP

Baby Daily Log Book

(MON)(TUE)(WED)(THU)(FRI)(SAT)(SUN) Date:___/___/___

Meals/Feeds

TIME	WHAT I ATE/DRANK	AMOUNT

Sleep/Naps

FROM	TO	TOTAL TIME

BABY MOOD

Activities/Notes

Supplies Needed

Diapers

TIME	PEE	POOP

Baby Daily Log Book

MON | TUE | WED | THU | FRI | SAT | SUN | Date: ___ / ___ / ___

Meals/Feeds

TIME	WHAT I ATE/DRANK	AMOUNT

Sleep/Naps

FROM	TO	TOTAL TIME

BABY MOOD

Activities/Notes

Supplies Needed

Diapers

TIME	PEE	POOP

$\mathcal{B}aby$ $\mathcal{D}aily$ $\mathcal{L}og$ $\mathcal{B}ook$

MON | TUE | WED | THU | FRI | SAT | SUN | Date: ___/___/___

Meals/Feeds

TIME	WHAT I ATE/DRANK	AMOUNT

Sleep/Naps

FROM	TO	TOTAL TIME

BABY MOOD

Activities/Notes

Diapers

TIME	PEE	POOP

Supplies Needed

Baby Daily Log Book

| MON | TUE | WED | THU | FRI | SAT | SUN | Date: __ / __ / __ |

Meals/Feeds

TIME	WHAT I ATE/DRANK	AMOUNT

Sleep/Naps

FROM	TO	TOTAL TIME

BABY MOOD

Activities/Notes

Supplies Needed

Diapers

TIME	PEE	POOP

Baby Daily Log Book

MON | TUE | WED | THU | FRI | SAT | SUN Date:___/___/___

Meals/Feeds

TIME	WHAT I ATE/DRANK	AMOUNT

Sleep/Naps

FROM	TO	TOTAL TIME

BABY MOOD

Activities/Notes

Supplies Needed

Diapers

TIME	PEE	POOP

$\mathcal{B}aby$ Daily Log Book

MON TUE WED THU FRI SAT SUN Date: __ / __ / ___

Meals/Feeds

TIME	WHAT I ATE/DRANK	AMOUNT

Sleep/Naps

FROM	TO	TOTAL TIME

BABY MOOD

Activities/Notes

Supplies Needed

Diapers

TIME	PEE	POOP

Baby Daily Log Book

MON) TUE) WED) THU) FRI) SAT) SUN) Date: __ / __ / __

Meals/Feeds

TIME	WHAT I ATE/DRANK	AMOUNT

Sleep/Naps

FROM	TO	TOTAL TIME

BABY MOOD

Activities/Notes

Supplies Needed

Diapers

TIME	PEE	POOP

Baby Daily Log Book

MON | TUE | WED | THU | FRI | SAT | SUN | Date: __ / __ / __

Meals/Feeds

TIME	WHAT I ATE/DRANK	AMOUNT

Sleep/Naps

FROM	TO	TOTAL TIME

BABY MOOD

Activities/Notes

Diapers

TIME	PEE	POOP

Supplies Needed

Baby Daily Log Book

MON | TUE | WED | THU | FRI | SAT | SUN   Date: __ / __ / ____

Meals/Feeds

TIME	WHAT I ATE/DRANK	AMOUNT

Sleep/Naps

FROM	TO	TOTAL TIME

BABY MOOD

Activities/Notes

Supplies Needed

Diapers

TIME	PEE	POOP

Baby Daily Log Book

(MON) (TUE) (WED) (THU) (FRI) (SAT) (SUN) Date: __ / __ / ___

Meals/Feeds

TIME	WHAT I ATE/DRANK	AMOUNT

Sleep/Naps

FROM	TO	TOTAL TIME

BABY MOOD

Activities/Notes

Supplies Needed

Diapers

TIME	PEE	POOP

Baby Daily Log Book

MON | TUE | WED | THU | FRI | SAT | SUN | Date: __ / __ / __

Meals/Feeds

TIME	WHAT I ATE/DRANK	AMOUNT

Sleep/Naps

FROM	TO	TOTAL TIME

BABY MOOD

Activities/Notes

Supplies Needed

Diapers

TIME	PEE	POOP

Baby Daily Log Book

MON TUE WED THU FRI SAT SUN Date: __ / __ / ____

Meals/Feeds

TIME	WHAT I ATE/DRANK	AMOUNT

Sleep/Naps

FROM	TO	TOTAL TIME

BABY MOOD

Activities/Notes

Supplies Needed

Diapers

TIME	PEE	POOP

Baby Daily Log Book

(MON) (TUE) (WED) (THU) (FRI) (SAT) (SUN) Date: ___ / ___ / ___

Meals/Feeds

TIME	WHAT I ATE/DRANK	AMOUNT

Sleep/Naps

FROM	TO	TOTAL TIME

BABY MOOD

Activities/Notes

Supplies Needed

Diapers

TIME	PEE	POOP

Baby Daily Log Book

MON | TUE | WED | THU | FRI | SAT | SUN   Date: __ / __ / __

Meals/Feeds

TIME	WHAT I ATE/DRANK	AMOUNT

Sleep/Naps

FROM	TO	TOTAL TIME

BABY MOOD

Activities/Notes

Supplies Needed

Diapers

TIME	PEE	POOP

Baby Daily Log Book

MON | TUE | WED | THU | FRI | SAT | SUN | Date: __ / __ / __

Meals/Feeds

TIME	WHAT I ATE/DRANK	AMOUNT

Sleep/Naps

FROM	TO	TOTAL TIME

BABY MOOD

Activities/Notes

Supplies Needed

Diapers

TIME	PEE	POOP

$\mathcal{B}aby$ Daily Log Book

MON | TUE | WED | THU | FRI | SAT | SUN | Date: __ / __ / __

Meals/Feeds

TIME	WHAT I ATE/DRANK	AMOUNT

Sleep/Naps

FROM	TO	TOTAL TIME

BABY MOOD

Activities/Notes

Supplies Needed

Diapers

TIME	PEE	POOP

Baby Daily Log Book

MON TUE WED THU FRI SAT SUN Date: __ / __ / __

Meals/Feeds

TIME	WHAT I ATE/DRANK	AMOUNT

Sleep/Naps

FROM	TO	TOTAL TIME

BABY MOOD

Activities/Notes

Supplies Needed

Diapers

TIME	PEE	POOP

$\mathcal{B}aby$ $\mathcal{D}aily$ $\mathcal{L}og$ $\mathcal{B}ook$

(MON)(TUE)(WED)(THU)(FRI)(SAT)(SUN) **Date:** __ / __ / __

Meals/Feeds

TIME	WHAT I ATE/DRANK	AMOUNT

Sleep/Naps

FROM	TO	TOTAL TIME

BABY MOOD

Activities/Notes

Supplies Needed

Diapers

TIME	PEE	POOP

$\mathcal{B}aby$ Daily Log Book

MON | TUE | WED | THU | FRI | SAT | SUN | **Date:** ___ / ___ / ___

Meals/Feeds

TIME	WHAT I ATE/DRANK	AMOUNT

Sleep/Naps

FROM	TO	TOTAL TIME

BABY MOOD

Activities/Notes

Supplies Needed

Diapers

TIME	PEE	POOP

Baby Daily Log Book

MON | TUE | WED | THU | FRI | SAT | SUN | Date: __ / __ / __

Meals/Feeds

TIME	WHAT I ATE/DRANK	AMOUNT

Sleep/Naps

FROM	TO	TOTAL TIME

BABY MOOD

Activities/Notes

Supplies Needed

Diapers

TIME	PEE	POOP

$\mathcal{B}aby$ Daily Log Book

MON · TUE · WED · THU · FRI · SAT · SUN · Date: __ / __ / __

Meals/Feeds

TIME	WHAT I ATE/DRANK	AMOUNT

Sleep/Naps

FROM	TO	TOTAL TIME

BABY MOOD

Activities/Notes

Supplies Needed

Diapers

TIME	PEE	POOP

𝓑𝓪𝓫𝔂 Daily Log Book

MON) TUE) WED) THU) FRI) SAT) SUN) **Date:** ___ / ___ / ___

Meals/Feeds

TIME	WHAT I ATE/DRANK	AMOUNT

Sleep/Naps

FROM	TO	TOTAL TIME

BABY MOOD

Activities/Notes

Supplies Needed

Diapers

TIME	PEE	POOP

Baby Daily Log Book

MON | TUE | WED | THU | FRI | SAT | SUN   Date: __ / __ / ___

Meals/Feeds

TIME	WHAT I ATE/DRANK	AMOUNT

Sleep/Naps

FROM	TO	TOTAL TIME

BABY MOOD

Activities/Notes

Supplies Needed

Diapers

TIME	PEE	POOP

$\mathcal{B}$aby $\mathcal{D}$aily $\mathcal{L}$og $\mathcal{B}$ook

(MON) (TUE) (WED) (THU) (FRI) (SAT) (SUN) **Date:** __ / __ / __

Meals/Feeds

TIME	WHAT I ATE/DRANK	AMOUNT

Sleep/Naps

FROM	TO	TOTAL TIME

BABY MOOD

Activities/Notes

Supplies Needed

Diapers

TIME	PEE	POOP

Baby Daily Log Book

MON TUE WED THU FRI SAT SUN Date: __ / __ / __

Meals/Feeds

TIME	WHAT I ATE/DRANK	AMOUNT

Sleep/Naps

FROM	TO	TOTAL TIME

BABY MOOD

Activities/Notes

Supplies Needed

Diapers

TIME	PEE	POOP

Baby Daily Log Book

(MON) (TUE) (WED) (THU) (FRI) (SAT) (SUN) Date: __ / __ / __

Meals/Feeds

TIME	WHAT I ATE/DRANK	AMOUNT

Sleep/Naps

FROM	TO	TOTAL TIME

BABY MOOD

Activities/Notes

Supplies Needed

Diapers

TIME	PEE	POOP

$\mathcal{B}$aby Daily Log Book

| MON | TUE | WED | THU | FRI | SAT | SUN | Date: ___ / ___ / ___ |

Meals/Feeds

TIME	WHAT I ATE/DRANK	AMOUNT

Sleep/Naps

FROM	TO	TOTAL TIME

BABY MOOD

Activities/Notes

Supplies Needed

Diapers

TIME	PEE	POOP

Baby *Daily Log Book*

MON | TUE | WED | THU | FRI | SAT | SUN | Date: __ / __ / __

Meals/Feeds

TIME	WHAT I ATE/DRANK	AMOUNT

Sleep/Naps

FROM	TO	TOTAL TIME

BABY MOOD

Activities/Notes

Supplies Needed

Diapers

TIME	PEE	POOP

$\mathcal{B}aby$ Daily Log Book

MON TUE WED THU FRI SAT SUN Date: ___ / ___ / ___

Meals/Feeds

TIME	WHAT I ATE/DRANK	AMOUNT

Sleep/Naps

FROM	TO	TOTAL TIME

BABY MOOD

Activities/Notes

Supplies Needed

Diapers

TIME	PEE	POOP

Baby Daily Log Book

(MON)(TUE)(WED)(THU)(FRI)(SAT)(SUN) Date:__ / __ / __

Meals/Feeds

TIME	WHAT I ATE/DRANK	AMOUNT

Sleep/Naps

FROM	TO	TOTAL TIME

BABY MOOD

Activities/Notes

Supplies Needed

Diapers

TIME	PEE	POOP

$\mathscr{Baby}$ $\mathscr{Daily}$ $\mathscr{Log}$ $\mathscr{Book}$

MON | TUE | WED | THU | FRI | SAT | SUN | **Date:** ___ / ___ / ___

Meals/Feeds

TIME	WHAT I ATE/DRANK	AMOUNT

Sleep/Naps

FROM	TO	TOTAL TIME

BABY MOOD

Activities/Notes

Supplies Needed

Diapers

TIME	PEE	POOP

$\mathcal{Baby}$ Daily Log Book

Meals/Feeds

TIME	WHAT I ATE/DRANK	AMOUNT

Sleep/Naps

FROM	TO	TOTAL TIME

BABY MOOD

Activities/Notes

Diapers

TIME	PEE	POOP

Supplies Needed

Baby Daily Log Book

Meals/Feeds

TIME	WHAT I ATE/DRANK	AMOUNT

Sleep/Naps

FROM	TO	TOTAL TIME

BABY MOOD

Activities/Notes

Supplies Needed

Diapers

TIME	PEE	POOP

Baby Daily Log Book

MON | TUE | WED | THU | FRI | SAT | SUN | Date: __ / __ / __

Meals/Feeds

TIME	WHAT I ATE/DRANK	AMOUNT

Sleep/Naps

FROM	TO	TOTAL TIME

BABY MOOD

Activities/Notes

Supplies Needed

Diapers

TIME	PEE	POOP

Baby Daily Log Book

MON　TUE　WED　THU　FRI　SAT　SUN　Date: __ / __ / __

Meals/Feeds

TIME	WHAT I ATE/DRANK	AMOUNT

Sleep/Naps

FROM	TO	TOTAL TIME

BABY MOOD

Activities/Notes

Supplies Needed

Diapers

TIME	PEE	POOP

Baby Daily Log Book

Meals/Feeds

TIME	WHAT I ATE/DRANK	AMOUNT

Sleep/Naps

FROM	TO	TOTAL TIME

BABY MOOD

Activities/Notes

Supplies Needed

Diapers

TIME	PEE	POOP

Baby Daily Log Book

MON | TUE | WED | THU | FRI | SAT | SUN | Date: __ / __ / __

Meals/Feeds

TIME	WHAT I ATE/DRANK	AMOUNT

Sleep/Naps

FROM	TO	TOTAL TIME

BABY MOOD

Activities/Notes

Supplies Needed

Diapers

TIME	PEE	POOP

Baby Daily Log Book

| MON | TUE | WED | THU | FRI | SAT | SUN | Date: __ / __ / ___ |

Meals/Feeds

TIME	WHAT I ATE/DRANK	AMOUNT

Sleep/Naps

FROM	TO	TOTAL TIME

BABY MOOD

Activities/Notes

Supplies Needed

Diapers

TIME	PEE	POOP

$\mathcal{B}$aby $\mathcal{D}$aily $\mathcal{L}$og $\mathcal{B}$ook

(MON)(TUE)(WED)(THU)(FRI)(SAT)(SUN) Date: ___ / ___ / ___

Meals/Feeds

TIME	WHAT I ATE/DRANK	AMOUNT

Sleep/Naps

FROM	TO	TOTAL TIME

BABY MOOD

Activities/Notes

Supplies Needed

Diapers

TIME	PEE	POOP

Baby Daily Log Book

MON · TUE · WED · THU · FRI · SAT · SUN · Date: __ / __ / __

Meals/Feeds

TIME	WHAT I ATE/DRANK	AMOUNT

Sleep/Naps

FROM	TO	TOTAL TIME

BABY MOOD

Activities/Notes

Supplies Needed

Diapers

TIME	PEE	POOP

$\mathcal{Baby}$ $\mathcal{Daily}$ $\mathcal{Log}$ $\mathcal{Book}$

(MON)(TUE)(WED)(THU)(FRI)(SAT)(SUN) Date:___ / ___ / ___

Meals/Feeds

TIME	WHAT I ATE/DRANK	AMOUNT

Sleep/Naps

FROM	TO	TOTAL TIME

BABY MOOD

Activities/Notes

Supplies Needed

Diapers

TIME	PEE	POOP

$\mathscr{B}aby$ $\mathscr{D}aily$ $\mathscr{L}og$ $\mathscr{B}ook$

| MON | TUE | WED | THU | FRI | SAT | SUN | Date: __ / __ / __ |

Meals/Feeds

TIME	WHAT I ATE/DRANK	AMOUNT

Sleep/Naps

FROM	TO	TOTAL TIME

BABY MOOD

Activities/Notes

Supplies Needed

Diapers

TIME	PEE	POOP

$\mathcal{B}aby$ $\mathcal{D}aily$ $\mathcal{L}og$ $\mathcal{B}ook$

| MON | TUE | WED | THU | FRI | SAT | SUN | Date: ___ / ___ / ___ |

Meals/Feeds

TIME	WHAT I ATE/DRANK	AMOUNT

Sleep/Naps

FROM	TO	TOTAL TIME

BABY MOOD

Activities/Notes

Supplies Needed

Diapers

TIME	PEE	POOP

Baby Daily Log Book

MON · TUE · WED · THU · FRI · SAT · SUN · Date: __ / __ / __

Meals/Feeds

TIME	WHAT I ATE/DRANK	AMOUNT

Sleep/Naps

FROM	TO	TOTAL TIME

BABY MOOD

Activities/Notes

Supplies Needed

Diapers

TIME	PEE	POOP

Baby Daily Log Book

MON | TUE | WED | THU | FRI | SAT | SUN Date: __ / __ / __

Meals/Feeds

TIME	WHAT I ATE/DRANK	AMOUNT

Sleep/Naps

FROM	TO	TOTAL TIME

BABY MOOD

Activities/Notes

Supplies Needed

Diapers

TIME	PEE	POOP

Baby Daily Log Book

MON   TUE   WED   THU   FRI   SAT   SUN   Date: ___ / ___ / ___

Meals/Feeds

TIME	WHAT I ATE/DRANK	AMOUNT

Sleep/Naps

FROM	TO	TOTAL TIME

BABY MOOD

Activities/Notes

Supplies Needed

Diapers

TIME	PEE	POOP

$\mathcal{Baby}$ *Daily Log Book*

MON | TUE | WED | THU | FRI | SAT | SUN | Date: __ / __ / __

Meals/Feeds

TIME	WHAT I ATE/DRANK	AMOUNT

Sleep/Naps

FROM	TO	TOTAL TIME

BABY MOOD

Activities/Notes

Supplies Needed

Diapers

TIME	PEE	POOP

Baby Daily Log Book

(MON)(TUE)(WED)(THU)(FRI)(SAT)(SUN) **Date:** __ / __ / ___

Meals/Feeds

TIME	WHAT I ATE/DRANK	AMOUNT

Sleep/Naps

FROM	TO	TOTAL TIME

BABY MOOD

Activities/Notes

Supplies Needed

Diapers

TIME	PEE	POOP

$\mathcal{Baby}$ $\mathcal{Daily}$ $\mathcal{Log}$ $\mathcal{Book}$

(MON)(TUE)(WED)(THU)(FRI)(SAT)(SUN) **Date:** __ / __ / ___

Meals/Feeds

TIME	WHAT I ATE/DRANK	AMOUNT

Sleep/Naps

FROM	TO	TOTAL TIME

BABY MOOD

Activities/Notes

Diapers

TIME	PEE	POOP

Supplies Needed

Baby Daily Log Book

(MON) (TUE) (WED) (THU) (FRI) (SAT) (SUN) Date: __ / __ / __

Meals/Feeds

TIME	WHAT I ATE/DRANK	AMOUNT

Sleep/Naps

FROM	TO	TOTAL TIME

BABY MOOD

Activities/Notes

Supplies Needed

Diapers

TIME	PEE	POOP

Baby Daily Log Book

MON | TUE | WED | THU | FRI | SAT | SUN | Date: __ / __ / __

Meals/Feeds

TIME	WHAT I ATE/DRANK	AMOUNT

Sleep/Naps

FROM	TO	TOTAL TIME

BABY MOOD

Activities/Notes

Supplies Needed

Diapers

TIME	PEE	POOP

Baby Daily Log Book

MON   TUE   WED   THU   FRI   SAT   SUN   Date: __ / __ / __

Meals/Feeds

TIME	WHAT I ATE/DRANK	AMOUNT

Sleep/Naps

FROM	TO	TOTAL TIME

BABY MOOD

Activities/Notes

Supplies Needed

Diapers

TIME	PEE	POOP

Baby Daily Log Book

MON | TUE | WED | THU | FRI | SAT | SUN | Date: __ / __ / __

Meals/Feeds

TIME	WHAT I ATE/DRANK	AMOUNT

Sleep/Naps

FROM	TO	TOTAL TIME

BABY MOOD

Activities/Notes

Supplies Needed

Diapers

TIME	PEE	POOP

$\mathcal{B}aby$ Daily Log Book

MON | TUE | WED | THU | FRI | SAT | SUN | Date: __ / __ / __

Meals/Feeds

TIME	WHAT I ATE/DRANK	AMOUNT

Sleep/Naps

FROM	TO	TOTAL TIME

BABY MOOD

Activities/Notes

Supplies Needed

Diapers

TIME	PEE	POOP

$\mathcal{B}aby$ Daily Log Book

MON | TUE | WED | THU | FRI | SAT | SUN | Date: __ / __ / __

Meals/Feeds

TIME	WHAT I ATE/DRANK	AMOUNT

Sleep/Naps

FROM	TO	TOTAL TIME

BABY MOOD

Activities/Notes

Supplies Needed

Diapers

TIME	PEE	POOP

Baby Daily Log Book

MON | TUE | WED | THU | FRI | SAT | SUN | Date: __ / __ / __

Meals/Feeds

TIME	WHAT I ATE/DRANK	AMOUNT

Sleep/Naps

FROM	TO	TOTAL TIME

BABY MOOD

Activities/Notes

Supplies Needed

Diapers

TIME	PEE	POOP

$\mathcal{B}aby$ $\mathcal{D}aily$ $\mathcal{L}og$ $\mathcal{B}ook$

| MON | TUE | WED | THU | FRI | SAT | SUN | Date: ___ / ___ / ___ |

Meals/Feeds

TIME	WHAT I ATE/DRANK	AMOUNT

Sleep/Naps

FROM	TO	TOTAL TIME

BABY MOOD

Activities/Notes

Supplies Needed

Diapers

TIME	PEE	POOP

Baby Daily Log Book

MON TUE WED THU FRI SAT SUN Date: __ / __ / __

Meals/Feeds

TIME	WHAT I ATE/DRANK	AMOUNT

Sleep/Naps

FROM	TO	TOTAL TIME

BABY MOOD

Activities/Notes

Supplies Needed

Diapers

TIME	PEE	POOP

$\mathcal{B}aby$ Daily Log Book

MON | TUE | WED | THU | FRI | SAT | SUN | Date: __ / __ / __

Meals/Feeds

TIME	WHAT I ATE/DRANK	AMOUNT

Sleep/Naps

FROM	TO	TOTAL TIME

BABY MOOD

Activities/Notes

Supplies Needed

Diapers

TIME	PEE	POOP

Baby Daily Log Book

MON) TUE) WED) THU) FRI) SAT) SUN) Date: __ / __ / ___

Meals/Feeds

TIME	WHAT I ATE/DRANK	AMOUNT

Sleep/Naps

FROM	TO	TOTAL TIME

BABY MOOD

Activities/Notes

Supplies Needed

Diapers

TIME	PEE	POOP

Baby Daily Log Book

MON | TUE | WED | THU | FRI | SAT | SUN | Date: __ / __ / __

Meals/Feeds

TIME	WHAT I ATE/DRANK	AMOUNT

Sleep/Naps

FROM	TO	TOTAL TIME

BABY MOOD

Activities/Notes

Supplies Needed

Diapers

TIME	PEE	POOP

Baby Daily Log Book

MON | TUE | WED | THU | FRI | SAT | SUN | Date: ___ / ___ / ___

Meals/Feeds

TIME	WHAT I ATE/DRANK	AMOUNT

Sleep/Naps

FROM	TO	TOTAL TIME

BABY MOOD

Activities/Notes

Supplies Needed

Diapers

TIME	PEE	POOP

Baby Daily Log Book

MON | TUE | WED | THU | FRI | SAT | SUN | Date: __ / __ / ____

Meals/Feeds

TIME	WHAT I ATE/DRANK	AMOUNT

Sleep/Naps

FROM	TO	TOTAL TIME

BABY MOOD

Activities/Notes

Diapers

TIME	PEE	POOP

Supplies Needed

Baby Daily Log Book

MON | TUE | WED | THU | FRI | SAT | SUN | Date: ___/___/___

Meals/Feeds

TIME	WHAT I ATE/DRANK	AMOUNT

Sleep/Naps

FROM	TO	TOTAL TIME

BABY MOOD

Activities/Notes

Supplies Needed

Diapers

TIME	PEE	POOP

Baby Daily Log Book

Meals/Feeds

TIME	WHAT I ATE/DRANK	AMOUNT

Sleep/Naps

FROM	TO	TOTAL TIME

BABY MOOD

Activities/Notes

Supplies Needed

Diapers

TIME	PEE	POOP

$\mathcal{B}aby$ Daily Log Book

MON TUE WED THU FRI SAT SUN Date: __ / __ / __

Meals/Feeds

TIME	WHAT I ATE/DRANK	AMOUNT

Sleep/Naps

FROM	TO	TOTAL TIME

BABY MOOD

Activities/Notes

Supplies Needed

Diapers

TIME	PEE	POOP

$\mathcal{Baby}$ Daily Log Book

Meals/Feeds

TIME	WHAT I ATE/DRANK	AMOUNT

Sleep/Naps

FROM	TO	TOTAL TIME

BABY MOOD

Activities/Notes

Supplies Needed

Diapers

TIME	PEE	POOP

$\mathcal{B}$aby Daily Log Book

(MON)(TUE)(WED)(THU)(FRI)(SAT)(SUN) Date:___/___/___

Meals/Feeds

TIME	WHAT I ATE/DRANK	AMOUNT

Sleep/Naps

FROM	TO	TOTAL TIME

BABY MOOD

Activities/Notes

Supplies Needed

Diapers

TIME	PEE	POOP

$\mathcal{B}aby$ Daily Log Book

MON   TUE   WED   THU   FRI   SAT   SUN   Date: ___ / ___ / ___

Meals/Feeds

TIME	WHAT I ATE/DRANK	AMOUNT

Sleep/Naps

FROM	TO	TOTAL TIME

BABY MOOD

Activities/Notes

Supplies Needed

Diapers

TIME	PEE	POOP

Baby *Daily Log Book*

MON TUE WED THU FRI SAT SUN Date: __ / __ / __

Meals/Feeds

TIME	WHAT I ATE/DRANK	AMOUNT

Sleep/Naps

FROM	TO	TOTAL TIME

BABY MOOD

Activities/Notes

Supplies Needed

Diapers

TIME	PEE	POOP

$\mathcal{B}aby$ Daily Log Book

MON) TUE) WED) THU) FRI) SAT) SUN) Date: __ / __ / ____

Meals/Feeds

TIME	WHAT I ATE/DRANK	AMOUNT

Sleep/Naps

FROM	TO	TOTAL TIME

BABY MOOD

Activities/Notes

Supplies Needed

Diapers

TIME	PEE	POOP

$\mathcal{B}$aby $\mathcal{D}$aily $\mathcal{L}$og $\mathcal{B}$ook

MON | TUE | WED | THU | FRI | SAT | SUN | Date: __ / __ / __

Meals/Feeds

TIME	WHAT I ATE/DRANK	AMOUNT

Sleep/Naps

FROM	TO	TOTAL TIME

BABY MOOD

Activities/Notes

Supplies Needed

Diapers

TIME	PEE	POOP

Baby Daily Log Book

(MON) (TUE) (WED) (THU) (FRI) (SAT) (SUN) Date:___ / ___ / ___

Meals/Feeds

TIME	WHAT I ATE/DRANK	AMOUNT

Sleep/Naps

FROM	TO	TOTAL TIME

BABY MOOD

Activities/Notes

Diapers

TIME	PEE	POOP

Supplies Needed

Baby Daily Log Book

MON | TUE | WED | THU | FRI | SAT | SUN | Date: __ / __ / __

Meals/Feeds

TIME	WHAT I ATE/DRANK	AMOUNT

Sleep/Naps

FROM	TO	TOTAL TIME

BABY MOOD

Activities/Notes

Supplies Needed

Diapers

TIME	PEE	POOP

Baby Daily Log Book

(MON)(TUE)(WED)(THU)(FRI)(SAT)(SUN) Date:___ / ___ / ___

Meals/Feeds

TIME	WHAT I ATE/DRANK	AMOUNT

Sleep/Naps

FROM	TO	TOTAL TIME

BABY MOOD

Activities/Notes

Diapers

TIME	PEE	POOP

Supplies Needed

Baby Daily Log Book

MON | TUE | WED | THU | FRI | SAT | SUN | Date: __/__/__

Meals/Feeds

TIME	WHAT I ATE/DRANK	AMOUNT

Sleep/Naps

FROM	TO	TOTAL TIME

BABY MOOD

Activities/Notes

Supplies Needed

Diapers

TIME	PEE	POOP

Baby Daily Log Book

MON | TUE | WED | THU | FRI | SAT | SUN   Date: __ / __ / __

Meals/Feeds

TIME	WHAT I ATE/DRANK	AMOUNT

Sleep/Naps

FROM	TO	TOTAL TIME

BABY MOOD

Activities/Notes

Supplies Needed

Diapers

TIME	PEE	POOP

$\mathcal{B}aby$ $\mathcal{D}aily$ $\mathcal{L}og$ $\mathcal{B}ook$

MON | TUE | WED | THU | FRI | SAT | SUN | Date: __ / __ / ___

Meals/Feeds

TIME	WHAT I ATE/DRANK	AMOUNT

Sleep/Naps

FROM	TO	TOTAL TIME

BABY MOOD

Activities/Notes

Supplies Needed

Diapers

TIME	PEE	POOP

Baby Daily Log Book

MON | TUE | WED | THU | FRI | SAT | SUN | Date: __ / __ / ___

Meals/Feeds

TIME	WHAT I ATE/DRANK	AMOUNT

Sleep/Naps

FROM	TO	TOTAL TIME

BABY MOOD

Activities/Notes

Supplies Needed

Diapers

TIME	PEE	POOP

$\mathcal{B}aby$ Daily Log Book

MON · TUE · WED · THU · FRI · SAT · SUN · Date: __ / __ / __

Meals/Feeds

TIME	WHAT I ATE/DRANK	AMOUNT

Sleep/Naps

FROM	TO	TOTAL TIME

BABY MOOD

Activities/Notes

Supplies Needed

Diapers

TIME	PEE	POOP

Baby Daily Log Book

MON | TUE | WED | THU | FRI | SAT | SUN | Date: __/__/__

Meals/Feeds

TIME	WHAT I ATE/DRANK	AMOUNT

Sleep/Naps

FROM	TO	TOTAL TIME

BABY MOOD

Activities/Notes

Supplies Needed

Diapers

TIME	PEE	POOP

Baby Daily Log Book

MON TUE WED THU FRI SAT SUN Date: __ / __ / __

Meals/Feeds

TIME	WHAT I ATE/DRANK	AMOUNT

Sleep/Naps

FROM	TO	TOTAL TIME

BABY MOOD

Activities/Notes

Supplies Needed

Diapers

TIME	PEE	POOP

$\mathcal{B}aby$ Daily Log Book

MON　TUE　WED　THU　FRI　SAT　SUN　Date: ___/___/___

Meals/Feeds

TIME	WHAT I ATE/DRANK	AMOUNT

Sleep/Naps

FROM	TO	TOTAL TIME

BABY MOOD

Activities/Notes

Supplies Needed

Diapers

TIME	PEE	POOP

$\mathcal{Baby}$ Daily Log Book

MON   TUE   WED   THU   FRI   SAT   SUN   Date:___ / ___ / ___

Meals/Feeds

TIME	WHAT I ATE/DRANK	AMOUNT

Sleep/Naps

FROM	TO	TOTAL TIME

BABY MOOD

Activities/Notes

Supplies Needed

Diapers

TIME	PEE	POOP

Baby *Daily Log Book*

MON | TUE | WED | THU | FRI | SAT | SUN | Date: __ / __ / __

Meals/Feeds

TIME	WHAT I ATE/DRANK	AMOUNT

Sleep/Naps

FROM	TO	TOTAL TIME

BABY MOOD

Activities/Notes

Diapers

TIME	PEE	POOP

Supplies Needed

$\mathcal{Baby}$ Daily Log Book

MON | TUE | WED | THU | FRI | SAT | SUN | Date: __ / __ / __

Meals/Feeds

TIME	WHAT I ATE/DRANK	AMOUNT

Sleep/Naps

FROM	TO	TOTAL TIME

BABY MOOD

Activities/Notes

Supplies Needed

Diapers

TIME	PEE	POOP

Baby Daily Log Book

MON | TUE | WED | THU | FRI | SAT | SUN | Date: __/__/__

Meals/Feeds

TIME	WHAT I ATE/DRANK	AMOUNT

Sleep/Naps

FROM	TO	TOTAL TIME

BABY MOOD

Activities/Notes

Supplies Needed

Diapers

TIME	PEE	POOP

$\mathcal{Baby}$ Daily Log Book

Meals/Feeds

TIME	WHAT I ATE/DRANK	AMOUNT

Sleep/Naps

FROM	TO	TOTAL TIME

BABY MOOD

Activities/Notes

Supplies Needed

Diapers

TIME	PEE	POOP

Baby Daily Log Book

MON | TUE | WED | THU | FRI | SAT | SUN | Date: __ / __ / ____

Meals/Feeds

TIME	WHAT I ATE/DRANK	AMOUNT

Sleep/Naps

FROM	TO	TOTAL TIME

BABY MOOD

Activities/Notes

Supplies Needed

Diapers

TIME	PEE	POOP

Baby Daily Log Book

MON ⬤ TUE ⬤ WED ⬤ THU ⬤ FRI ⬤ SAT ⬤ SUN ⬤ Date:___ / ___ / ___

Meals/Feeds

TIME	WHAT I ATE/DRANK	AMOUNT

Sleep/Naps

FROM	TO	TOTAL TIME

BABY MOOD

Activities/Notes

Supplies Needed

Diapers

TIME	PEE	POOP

$\mathcal{B}$aby $\mathcal{D}aily$ $\mathcal{L}og$ $\mathcal{B}ook$

MON   TUE   WED   THU   FRI   SAT   SUN   Date: __ / __ / __

Meals/Feeds

TIME	WHAT I ATE/DRANK	AMOUNT

Sleep/Naps

FROM	TO	TOTAL TIME

BABY MOOD

Activities/Notes

Supplies Needed

Diapers

TIME	PEE	POOP

$\mathcal{B}$aby $\mathit{Daily\ Log\ Book}$

(MON)(TUE)(WED)(THU)(FRI)(SAT)(SUN) Date: __ / __ / __

Meals/Feeds

TIME	WHAT I ATE/DRANK	AMOUNT

Sleep/Naps

FROM	TO	TOTAL TIME

BABY MOOD

Activities/Notes

Supplies Needed

Diapers

TIME	PEE	POOP

Baby Daily Log Book

Meals/Feeds

TIME	WHAT I ATE/DRANK	AMOUNT

Sleep/Naps

FROM	TO	TOTAL TIME

BABY MOOD

Activities/Notes

Supplies Needed

Diapers

TIME	PEE	POOP

Baby Daily Log Book

MON | TUE | WED | THU | FRI | SAT | SUN | Date:___/___/___

Meals/Feeds

TIME	WHAT I ATE/DRANK	AMOUNT

Sleep/Naps

FROM	TO	TOTAL TIME

BABY MOOD

Activities/Notes

Supplies Needed

Diapers

TIME	PEE	POOP

$\mathcal{Baby}$ Daily Log Book

MON | TUE | WED | THU | FRI | SAT | SUN | Date: ___ / ___ / ___

Meals/Feeds

TIME	WHAT I ATE/DRANK	AMOUNT

Sleep/Naps

FROM	TO	TOTAL TIME

BABY MOOD

Activities/Notes

Supplies Needed

Diapers

TIME	PEE	POOP

Baby Daily Log Book

MON　TUE　WED　THU　FRI　SAT　SUN　Date: __ / __ / __

Meals/Feeds

TIME	WHAT I ATE/DRANK	AMOUNT

Sleep/Naps

FROM	TO	TOTAL TIME

BABY MOOD

Activities/Notes

Supplies Needed

Diapers

TIME	PEE	POOP

Baby Daily Log Book

MON | TUE | WED | THU | FRI | SAT | SUN | Date: __ / __ / ____

Meals/Feeds

TIME	WHAT I ATE/DRANK	AMOUNT

Sleep/Naps

FROM	TO	TOTAL TIME

BABY MOOD

Activities/Notes

Diapers

TIME	PEE	POOP

Supplies Needed

Baby Daily Log Book

| MON | TUE | WED | THU | FRI | SAT | SUN | Date: __ / __ / __ |

Meals/Feeds

TIME	WHAT I ATE/DRANK	AMOUNT

Sleep/Naps

FROM	TO	TOTAL TIME

BABY MOOD

Activities/Notes

Diapers

TIME	PEE	POOP

Supplies Needed

Baby Daily Log Book

MON　TUE　WED　THU　FRI　SAT　SUN　Date:___/___/___

Meals/Feeds

TIME	WHAT I ATE/DRANK	AMOUNT

Sleep/Naps

FROM	TO	TOTAL TIME

BABY MOOD

Activities/Notes

Supplies Needed

Diapers

TIME	PEE	POOP

Baby Daily Log Book

MON TUE WED THU FRI SAT SUN Date: __ / __ / __

Meals/Feeds

TIME	WHAT I ATE/DRANK	AMOUNT

Sleep/Naps

FROM	TO	TOTAL TIME

BABY MOOD

Activities/Notes

Supplies Needed

Diapers

TIME	PEE	POOP

Baby Daily Log Book

MON   TUE   WED   THU   FRI   SAT   SUN   Date: __ / __ / ____

Meals/Feeds

TIME	WHAT I ATE/DRANK	AMOUNT

Sleep/Naps

FROM	TO	TOTAL TIME

BABY MOOD

Activities/Notes

Supplies Needed

Diapers

TIME	PEE	POOP

Baby Daily Log Book

(MON)(TUE)(WED)(THU)(FRI)(SAT)(SUN) Date:___/___/___

Meals/Feeds

TIME	WHAT I ATE/DRANK	AMOUNT

Sleep/Naps

FROM	TO	TOTAL TIME

BABY MOOD

Activities/Notes

Supplies Needed

Diapers

TIME	PEE	POOP

Baby Daily Log Book

(MON)(TUE)(WED)(THU)(FRI)(SAT)(SUN) Date:___/___/___

Meals/Feeds

TIME	WHAT I ATE/DRANK	AMOUNT

Sleep/Naps

FROM	TO	TOTAL TIME

BABY MOOD

Activities/Notes

Supplies Needed

Diapers

TIME	PEE	POOP

$\mathcal{B}aby$ Daily Log Book

MON · TUE · WED · THU · FRI · SAT · SUN · Date: ___ / ___ / ___

Meals/Feeds

TIME	WHAT I ATE/DRANK	AMOUNT

Sleep/Naps

FROM	TO	TOTAL TIME

BABY MOOD

Activities/Notes

Supplies Needed

Diapers

TIME	PEE	POOP

Baby Daily Log Book

MON | TUE | WED | THU | FRI | SAT | SUN   **Date:** ___ / ___ / ___

Meals/Feeds

TIME	WHAT I ATE/DRANK	AMOUNT

Sleep/Naps

FROM	TO	TOTAL TIME

BABY MOOD

Activities/Notes

Supplies Needed

Diapers

TIME	PEE	POOP

Baby Daily Log Book

MON   TUE   WED   THU   FRI   SAT   SUN   Date: __ / __ / __

Meals/Feeds

TIME	WHAT I ATE/DRANK	AMOUNT

Sleep/Naps

FROM	TO	TOTAL TIME

BABY MOOD

Activities/Notes

Supplies Needed

Diapers

TIME	PEE	POOP

Made in the USA
Las Vegas, NV
03 May 2024

89476331R00066